# 손가락으로 그린 바람

**손가락으로 그린 바람**

시산맥 기획시선 112

초판 1쇄 인쇄 | 2023년 09월 15일
초판 1쇄 발행 | 2023년 09월 22일

**지은이** 윤현순
**펴낸이** 문정영
**펴낸곳** 시산맥사
**편집주간** 김필영
**편집위원** 신정민 최연수
**등록번호** 제300-2013-12호
**등록일자** 2009년 4월 15일
**주소** 03131 서울특별시 종로구 율곡로 6길 36. 월드오피스텔 1102호
**전화** 02-764-8722, 010-8894-8722
**전자우편** poemmtss@naver.com
**시산맥카페** http://cafe.daum.net/poemmtss

ISBN 979-11-6243-403-1 (03810)

값 10,000원

* 이 책은 2023년도 대전시, 대전문화재단의 후원을 받아 문화예술육성 지원사업의 일환으로 발간되었습니다.
* 이 책은 전부 또는 일부 내용을 재사용하려면 반드시 저작권자와 시산맥사의 동의를 받아야 합니다.
* 이 책은 교보문고와 연계하여 전자북으로 발간되었습니다.
* 본문 페이지에서 한 연이 첫 번째 행에서 시작될 때에는〈 표기를 합니다.
* 저자의 의도에 따라 작품의 보조 동사와 합성 명사는 띄어쓰기가 달라질 수 있습니다.

# 손가락으로 그린 바람

윤현순 시집

■ 시인의 말

일흔이 넘어
남편과 혈육이
목단꽃 떨어지듯
툭툭 떨어져
밤새 쓴 긴 이야기
동백꽃에
앉혀 놓았다


2023년 초가을
윤현순

■ 차례

## 1부 나는 아무 짓도 하지 않았습니다

| | |
|---|---|
| 달이 발을 담그다 | 19 |
| 폭설 | 20 |
| 금요일 오후 | 22 |
| 짝신 | 24 |
| 나는 아무 짓도 하지 않았습니다 | 26 |
| 주말농장 | 27 |
| 여름밤 | 28 |
| 마지막 달력 | 30 |
| 이사 왔어요 | 32 |
| 졸고 있는 해 | 36 |
| 반려 돌 | 38 |
| 내 동생 윤장수 | 39 |
| 휴일 | 42 |
| 흑백사진 | 44 |
| 손가락으로 그린 바람 | 45 |

## 2부  밤나무집

| | |
|---|---|
| 그날 | 49 |
| 이제는 | 50 |
| 4월 | 51 |
| 은행리에서 명상 | 52 |
| 여백 | 53 |
| 밤나무 집 | 54 |
| 문지기 | 56 |
| 상석 | 58 |
| 명암방죽 | 60 |
| 말 | 61 |
| 시 쓰기 | 62 |
| 품의서 | 63 |
| 눈 온 날 | 64 |
| 엉겅퀴 | 65 |
| 상흔 | 66 |
| 상 강 | 68 |
| 반딧불 | 69 |

## 3부  밤나무집

| | |
|---|---|
| 잉태 | 73 |
| 헌 가방 | 74 |
| 상당산성 | 75 |
| 미세먼지 | 76 |
| 하늘공원 | 78 |
| 봄눈 | 80 |
| 입춘 1 | 81 |
| 선보던 날 | 82 |
| 시월 초이튿날 | 84 |
| 시월의 끄트머리 | 86 |
| 입춘 2 | 87 |
| 지하방 | 88 |
| 함성 1 | 89 |
| 거기 누구 없소? | 90 |
| 맨드라미 집 나간 날 | 91 |
| 급여 | 92 |

## 4부  어쩌다

| | |
|---|---|
| 그렇듯 | 97 |
| 어쩌다 | 98 |
| 눈썹 끝 | 100 |
| 2월 | 102 |
| 인터뷰 | 104 |
| 낙관 | 106 |
| 안부 | 108 |
| 회화나무 | 109 |
| 수레국화 | 110 |
| 긴 문장 | 112 |
| 모자이크 | 114 |
| 꽁트 | 116 |
| 가을 1 | 117 |
| 가을 소나기 | 118 |
| 수평선 | 119 |

■ 해설 | 이승하(시인·중앙대 교수)    121

# 1부

나는 아무 짓도 하지 않았습니다

# 달이 발을 담그다

흐트러진
벚꽃 속

흐르는
무심천

꽃들은
꽃들과
얽혀

기슭을 적시고
잔물결
진홍빛 위에서

달이
발을 담근다

# 폭설

유모차가 굴러가는 자동차를 바라봅니다
눈알은 빠져 있고
온몸이 찢긴 채
상처투성인
자동차가 비실비실 굴러갑니다

소나무 가지마다 눈을 가득 안고
힘겹게 담 너머 골목길 바라봅니다

이파리 하나 대롱대롱 매달고
야트막하게 뜬구름 바라보며
처형당한 세상을 뒤돌아봅니다

수북이 쌓인 눈
눈먼 고양이 등에 바람이 쏟아붓습니다
동공이 눈밭을 떠돌다 해골이 되어
거꾸로 매단 시간 홀쭉해진 등가죽

허리 굽은 할머니 여름 슬리퍼에 얹혀서
유모차에 질질 끌려옵니다

세상을 감춰버린 눈 속에
뒤뚱뒤뚱 걸어가는 유모차

여전히 눈덩이는 쏟아지고
자동차는 헛바퀴만 도는데
눈먼 고양이와 할머니 자동차 바퀴를 밀어봅니다
깊숙이 패인 주름에 흥건히 고인 눈물

그 길에
늙은 염소 뿔 하나
뚝 떨어뜨린다

# 금요일 오후

하늘 한 자락 뜯어 주머니 넣고
아무 사연도 없는 곳에서 발을 멈춘다
이웃에 사는 암소가 어제 새끼를 낳았다고
송아지 얼굴을 슬그머니 내게로 밀어
코와 머리를 만져주고

골목길 지나 은행나무 옆 벤치에 앉아
가끔 날리는 눈발을 바라본다
시들어 가는 내 말을
참새 떼들에게 들려주려 해도
나보다 말을 더 잘해 아무 말도 못 하고
목 달아난 감나무 바라보며
올봄엔 감꽃으로 목걸이도 못 하겠네

외다리 우체통을
슬그머니 열어보니 새들의 빈 둥지뿐
바싹 마른 갈잎
내 어깨를 툭툭 친다
싸락눈이라도 쏟아질 것 같은 저녁
낮달 얼굴이 거무스레하다

〈
나는 바람에 떠밀려 외양간도 돌아보고
할 일 없는 고양이를 데리고
닭장 앞에 서성이니
수탉이 내 발등에 설사 똥을 찍 갈긴다
나는 못 본 체 못 들은 체
앞섶에 달걀만 그득 담아 나왔다

## 짝신


마곡사에 도착한 햇볕은 정수리를 뜨겁게 달구고
할머니들 참새 떼처럼 우르르 몰려가요

방향 잃은 할머니의 신발이
보도블록 틈새에 걸려 찢어졌어요

신발창은 이빨을 세우며
일어서려 했으나 주저앉는 무릎뼈

더럽게 재수 없는 날이라고
할머니는 금지된 담배를 입에 물어요

떨기 떨기 핀 배롱나무 밑에서 서성이던
김 할머니 삭힌 홍어 먹은 얼굴로

여기 화장실 없어

왼쪽으로 한 3분 걸어가다
오른쪽으로 직진하면 거기 임시 화장실 있어요
〈

입 안에서 버럭 하던 할머니 틀니가
안내하는 여자의 얼굴로 툭 튀어 나갔어요
달팽이관이 귀를 갉아 먹어 못 알아들은 것 같아요


홍시 된 얼굴로 어기적어기적 걸어요
한쪽 발로 터덜터덜 걸어가요


배롱나무 가지 사이 붉게 물든 꽃 물결
할머니 바지, 흥건하게 적셔놓았어요

# 나는 아무 짓도 하지 않았습니다

햇살은 화살나무 빨갛게 물들이고
뉴턴의 법칙 따라 붉게 물든 사과
더 묻지 않아도 가을이 보입니다

양버즘나무들도 이파리 하나 물고
엎치락뒤치락 긴 한숨 내쉽니다
속으로 삼킨 바람 익숙한 나뭇가지

윗도리,
닳아빠진 옷장에 걸어놓고
나도 모르게 낮은 소리로 읊조립니다
안개에 싸인 작은 애벌레였음을

## 주말농장

빨간 장갑 속의 손
떨어진 구멍 속으로 나온 까만 손톱
손끝이 갈라져 피가 날 듯 말 듯

……아프다 아프다

힘들게 밭고랑 만들어 놓았다
장갑 속에서 상추가 비타민이 쏙쏙 커간다

빨간 장갑 속
아이들의 웃음이 까르르까르르

손금 따라 땀방울이 흘러서
완두콩이 강낭콩이 주렁주렁 매달린다

빨간 장갑 속 주말농장
아이들이 붉게 물들어간다

방울토마토도 고추도 붉게 익어간다

# 여름밤

보름달이
물 말은 밥에 떠 있다
된장과 풋고추 서너 개 놓고
나는 달을 떠 연신 퍼먹는다

채송화는 말라비틀어져 가며
씨방을 만들고
빨간 접시꽃은 선연하듯
목을 떨어트리며
씨집을 만든다

이웃집 암소가 새끼를 순산 중인지
어미의 신음에
주인아저씨 여물 한 바구니 던져주고

누런 두꺼비 힘내라고
구우억 울어주며
비라도 오라고 간절히 빌고

바람은 깊은 잠에 빠진 듯

등줄기에 땀이 줄줄 흐른다

밤새 기다리다 지친 소나무
눈까풀 내려앉을 때

쌍둥이다!
앞집 팽나무가 소리 질렀다

# 마지막 달력

햇살이 은행리 골목으로
기울어질 때
스멀스멀 들어오는 당신 그림자

헐렁한 바짓가랑이가 비틀거리며
검은 달력 속으로 숨는다

음복을 한다

모래 위의 발자국처럼
남기지 않고 살다 간
당신의 좁은 방에
나를, 가둬두고
그 방에서 나는 31개의 알을 품는다

어둠이 벗겨질 때야
나의 육신을 자리에 뉘어본다

하나하나 껍질을 벗겨
헐거워져 가는 시곗바늘

다시 돌려 보려고
애를 써 보지만
떨어져 가는 기억과
몸에 박혀 있는 뼛조각들

내일은 한파가 올 거라고
텔레비전에서 말했다

꽁꽁 얼어붙은 12월
똑같은 공간 속
하나하나 낱알 떨어지듯
떨어져 나간 어제

# 이사 왔어요

1
반갑습니다

포클레인 끄덕끄덕 인사하네요
포클레인 내 몸보다 더 큰 바위 꺼내 드니
색시 안아 올리듯 안아다 놓고
집채만 한 소나무는 빈터로 옮겨심고
오래오래 사셔요
절대 떠나진 마셔요
이 집이 꼭 맘에 들길 바라요
목이 마르면 옆에 수도가 있으니 맘껏 먹고요
밤이 되어 조금 서늘하면
달빛이 비춰주는 홑이불도 덮고요

2
바퀴벌레가 가끔 나오는데
디디티를 뿌렸는데도
그놈들이 발라당 발라당 자빠지며
여전히 나오긴 하는데요 어쩔 수가 없네요
갑자기 추워진다는 일기예보

구름 솜으로 만든 이불이 있어요,
가져다 덮어도 되고요
낮에는 제가 가끔 들려 필요한 것 가져다줄게요
막걸리 대여섯 병 사다 놀 테니
외롭고 쓸쓸할 때
큰 바위에 놀러 가 박새라도 불러 수다라도 떨고요

3
아침이면 참새 떼들이 까치들과 싸움해도
모른 척하고요
괜히 나섰다 몸 상할 일 생길지 모르니까요
새로 이사한 집이 길갓집이라
심심하진 않을 거예요
가을이라 탈곡기도 지나가고 경운기도 지나가고요
좀 시끄럽지만 그런대로 살 만은 할 거예요
앞집 할머니가 유모차 끌고 가시다
말을 걸면 모른 척하고요
꽤 귀찮게 굴며 온갖 참견 다 하니까요

4
당분간은 너무 깊이 잠들지 마세요
쎈 바람이 심술 떨며 몸을 흔들어 놓을 수 있으니까요
그럴 땐 비상벨을 누르세요
급히 쫓아갈 테니까요
아시잖아요 세상이 그렇게 녹록하진 않으니까요
물을 발목까지 채워주었는데도
언제 그랬냐는 듯 시침 뚝 떼며 심술은 부리지 마세요
아 참,
옆집 장독대와 인사 나누세요
앞으로 오래 같이 살 거예요
그러나 주의할 건 너무 가깝게는 지내지 말아요
짠 간장 냄새를 자주 풍길 테니까요

5
미리 말씀드리자면
가끔 사나운 애들이 와서 오줌도 싸고 가고
기어오르기도 해요
참고 사항으로
외출은 절대 안 되고요

집세는 그늘만 예쁘게 만들어 주셔요
강요하는 건 아니지만
수돗가 옆에서 자면 안 돼요
조금은 불편할 테지만 오래 살다 보면 익숙해져요
심심하면 까치나 참새들을 불러서 놀아도 괜찮아요
내가 특별히 관리할 건 없지만
물만큼은 떨어지지 않게 신경은 써줄게요
제발 부탁이니 간다고 보따리는 싸지 마시고
오래오래 나와 함께 살아요

## 졸고 있는 해


우리 집은 길갓집
사람은 보이지 않고
자동차만 쌩쌩 달린다

그래서 신작로는 심심하다

우리 집은 길갓집
마당에 까마귀와 까치가
싸움한다
신발 끌고 쫓아가니
참새와 멧새가 먼저 와
구경한다

그래서 대문이 심심하다

고갯마루에 하얀 집
할머니 한 분 이사 왔다기에
달걀 몇 알 싸 들고 갔더니
할머니는 없고
지팡이만 현관 앞에 덩그러니

〈
집 지키는 개도 심심하다

쏟아지는 눈발
새 그림자조차 없는 날
노란 복수초꽃이 궁금하고
방울방울 맺혀 있는 생강나무도 궁금한데
온종일 기다려도 오지 않는 우체부

그래서 난 심심하다

# 반려 돌

지난봄 박 씨 아저씨는 대문 앞에 남근석 앉혀놓았고
앞집에 사는 나를 부르고
팔순이 넘은 노모를 앉혀놓고 껄껄 웃던 박 씨
노모와 나는 망측스럽다고 고개 돌렸다

할머니는 아들을 쳐다보며 손가락질한다
에그 미친놈 이게 뭐라고 대문 앞에 세워놔
남사스럽게 온 동네 개가 오줌 싸겠다
그러면서 두꺼비 같은 손으로 쓱쓱 훔쳐냈다

유난히도 태양이 절절 끓던 날
박 씨의 심장 덩어리가
혼돈의 상태로 밤새 끙끙 앓다가
새벽길 홀로 나섰나 보다

밖에는 비바람 몰아치고
물 먹은 고목 나무 우지끈 부러져
할머니의 명치 끝에 박히고
문지기 된 남근석
흐드러지게 핀 수국 뒤에서 서쪽만 바라본다

# 내 동생 윤장수

**2022년 11월 어느 날 23시**
밤 11시 다급한 목소리
"형님이 이상해요, 어떡하면 좋아요"
"빨리 119 불러 119 불러" 소리소리 질렀다
차를 몰고 가며 곰탱이
곰탱이 같은 년 왜 나한테 전화해
빨리 병원엘 갔어야지

**같은 날 24시**
세종시에 있는 충남대 병원으로 달려왔다
다리에 힘이 빠져 겨우 병원엘 들어가니
병원엔 아무도 없고
허공에서 여자의 울음소리만 들렸다
"형님 어떡해요" "어떡해요"
나는 아무 말 없이 털썩 주저앉고 말았다
평생을 의지한 동생이었는데
낮 3시에 넘어졌는데 밤 11시까지 집에 있었단다
의식을 완전히 잃은 상태란다
식물인간이 될지도 모른단다
〈

**이튿날 10시**
중환자실 앞에서
맥을 놓고 앉아 있으니
간호사가 내 어깨를 두드리며 할머니
11번으로 들어가셔요
동생의 방은 산소호흡기와 심전도 검사하는 기계 소리만 들렸다
"장수야" "장수야" 아무리 불러도 그는 대답이 없다
이건 반칙이야 내 앞에서 이게 무슨 짓이야
정신 놓지 말고 정신 좀 차려 봐 이 사람아

며칠 전 건강한 모습으로
누나, 누나 토란 좋아해? 우리 집에 오셔서 배추랑 무 가져가셔요
올해는 서리태 농사도 지었어요
예전에 매형이 콩밥 참 좋아하셨는데
그렇게 동생이 바리바리 싸줬던 동생인데

**그리고**

동생의 손과 발은 따뜻했다
심전도 곡선이 물결처럼 바뀌는 걸 보았다

나는 꼭 안아주었다 같은 자궁에서 나온 심장이기에
내 심장 소릴 듣고 눈을 뜨지 않을까 하는 생각에
누나의 심장 소리 들리지?
내 심장은 요동을 치는데
너의 심장은 자는 듯 조용하구나
"누나 왔어, 누나 왔다고"

그동안 직장에 다니랴 농사지으랴 고달팠던 몸
편히 쉬고 싶은 모양이다
꿈속에서 어머니 젖무덤을 파고 있는지

나는 삭신이 다 녹아내리는 것 같다

# 휴일

조짐이 이상해요
머릿속이 텅 빈 방 같아요

얼굴을 감싸고 비틀거리기 시작했어요
나는 허리를 안고 실실 웃기 시작했어요

화살나무가 빨갛게 물들 때
마침내 나를 꿇어앉히고 말았어요

나는 나의 몸을 식민지로 만들어
일만 시키고 있었어요
휴일 없는 달력이었어요
내 몸은 일 년 내내 빨간 글씨가 없어요

침묵은 나를 일꾼으로 만들어놔
온전한 몸으로 되돌아오지 않을 것 같아요

당이 떨어지기 시작했어요

혈관엔 링거가 꽂혀 있고요

똑똑 떨어지는 방울방울
내 근력을 갉아먹고 있어요

꿈틀거리는 뱃속은 공복 상태를 알려요
프라이팬에 선 낯익은 짐승의 냄새와
청국장 냄새가 코를 자극하네요

나는 내 몸을 n분의 1로 나누고 있어요

# 흑백사진

초여름 바람이 가죽나무 숲을
툭툭 치며 지나간다

햇살 매단 죽순은
어머니의 손끝에 늘어선 채
낮달과 밀회하고 있다

허공에 헛발질하던 고양이
대나무 비질하는 소리에
백일홍과 눈싸움하고

햇볕 속 느긋한 바람
노르끄레한 냄새에
어머니의 무릎뼈가 삐걱거린다

## 손가락으로 그린 바람

처음엔 문만 흔들려도
혼자 있는 게 무서웠지

뒷산 밤나무는 내가 눈치채지 못하게
품 안에 있던 알들을 툭툭 내뱉었지

풀들이 내 키만큼 자라서
그 숲에 들어가기가 무서웠지

고슴도치처럼 품에 안고 있던
밤을 두 발로 쿡쿡 밟아버렸지

밤 한 무더기 화로에 묻고
펑펑 밤 터지는 소리에

나는 귀만 기울였지

어둠 속에서 성에 낀 창문에
손가락으로 바람을 그렸지

## 2부

밤나무집

# 그날

해마다 이맘때면 눈이 쏟아졌었는데
오늘은 하늘이 우울한지 비가 내린다
작년에는 온천지가 눈으로 덮여
찾아오기 힘들었다고
투덜대는 소릴 들은 것 같은데

그 사람이 올 시간이 되어 밖을 보니
안개비가 가로등을 폭 싸안고 있다
만사를 잊고 힘없이 바라본다

조용히 내려앉은 어둠
우주 정거장에서 연착이 됐는지
길을 잃고 헤매고 있는지
우산을 쓰고 마중도 나가본다

불어오는 바람 속
발걸음 소릴 감지하고
꽃으로 활짝 핀 촛농
당신을 향한 마음이 일렁대고 있다

# 이제는

꽃밭에 물을 주며 생각했지!
그리고 많은 이야길 나누었지
당신 생각하며 시를 쓰는 건 아니라고

햇볕이 안개 뒤에서 서두르고 있듯
꽃들이 이슬을 말리고 있듯

보이지 않는 당신의 모습

아주 오래전 우리가 가꾼 꽃밭

함박눈처럼 쏟아지는

그곳에

그림을 그려 놓네

# 4월

오래된 서랍장을 열어보니
장미 담뱃갑과
내가 생일 선물로 준 지프 라이터가 있다
다이제스트 책이 있고
결혼 때 예물로 준 박하 만년필과
까만 장지갑 속에 율곡 선생 얼굴 서너 장이
반쯤 보였다
18k 남편의 자수정 반지가 있어
그 반지 손가락에 끼자

서늘한 바람 치마폭 뒤집어
한 잔의 포도알이 내 몸을 적시고
녹슨 자전거 페달로 낯선 바람을 가른다

하얀 목단꽃이 활짝 피고
수양 홍도는 바람에 매 맞는다

# 은행리에서 명상

하늘이 천천히 문 닫으려 할 때
은행리 바람이 매질을 한다

시야를 좁혀보려고
한 바퀴 테두리가 생기고

나뭇잎 온음표처럼 느려지는 흙에 살리라
그 노래 좋아하는 사람 생각해 놓고

내가 기억하는 그런 사람 있었던가?
여기서 기억해 내야 할 사람이 있었던가?

이제는 보내야 한다
이제는 놓아야 한다

나도 너도
마음속에 간직한 베토벤의 운명인걸

# 여백

스물한 개의 말들이 고양이처럼
나를 바라보고 있네

나는 멍하니 그들을 바라보네
시간이 참 더디 흘러가네

서녘 하늘 너덜너덜하니
그림자 긋고 있네

8시간 동안 아무도 오지 않네

남은 햇빛들 먼지 알갱이가 되어
대리석 바닥으로 쏟아지네

차갑게 식은 김밥
속알이 툭툭 불거져 나오네

적막 속 내려앉는
내 그림자만 보이네

# 밤나무 집

시골에 조그만 집을 지었어요

봄에는 명자나무꽃이 빨갛게 피고요
또 늦은 봄엔 아카시아 꽃향기가 내 몸을 적시고요
여름에는 자귀나무꽃이 나비처럼 날아다녀요
가끔은 지네가 내 발등을 지나가기도 하고요

호박 넝쿨이 담 너머에
호박이 누렇게 매달고 있으면요
누런 두꺼비는 호박잎을 덮고 낮잠도 즐기고요
모과는 노랗게 물들지요

저녁노을이 산언저리에 맴돌 때면
나는 굽은 허리 펴지 못하고
산 그 너머에 있는 너를 그려 보겠지요

이파리 떨군 밤나무가 입을 쩍쩍 벌리고
장승처럼 대문을 지킬 때면요

된장 끓는 소리 들으며 나는 잠들겠지요

담 너머에 호박이 누렇게 매달려 있으면
두꺼비는 호박잎 덮고 낮잠도 즐기고요
모과는 노랗게 물들지요

# 문지기

현관 앞 다듬잇돌 위에
낡은 구두 한 켤레
노랗게 내려앉은 송홧가루
바람이 쓸고 간다

수양 벚꽃은 봄볕에
빨갛게 흐드러지고

파꽃은 까만 씨 가득 물고
퉁퉁 부은 다리로
서쪽 산등성이만 바라본다

쥐 한 마리 물고 와
흰 배 깔고 마당에서
능청 떨고 있는 고양이

나는 내 몸을 봄에 한 발짝 들여놓고

당신의 익숙한 목소리
추억 하나쯤 만들고 싶다

.
.
.
엉클어진 채 날줄만 있는
낡은 구두

# 상석

돌 위에 포 하나 소주 한 잔 따라 놓자
나비 한 마리 날아와 음복한다

상석에다 아무것도 쓰지 않았다
상석이 석화로 피어난 장미
당신은 그렇게 꼿꼿이 누워 있고
눈멀고 귀먹은 채
지나는 이들 바라본다

종달새 문안 인사 오거든
창문 활짝 열고 소나무 사이로 비치는 햇살에
큰소리로 껄껄 웃으며 반기고
아팠던 지난 일 잊어버리고
아침은 꼭 챙겨 먹으라고
바람에 전했다

노랗게 산수유가 필 때
나는 당신 집
잡초를 한 움큼씩 뽑아도
상석 밑에서 당신을 희롱하는

보랏빛 제비꽃은 건들지 않았다고
민들레 꽃다지 씀바귀에도
단단히 이루고 왔다

침묵에 젖은 당신의 무릎
이제는 눈물조차 메마른 상석의 표면

## 명암방죽*

명암방죽 산허리에 저녁이 오면
살구꽃은 물속에서 조화로 핀다

밤이면 모든 간판 긴 혀 내밀어
모든 생물 흡입해 뱃속 가득 채우면
미꾸라지 쏘가리 붕어 음복하며
검은 옷 입고 헤엄쳐 다닌다

나는 명암방죽 몇 바퀴 돈 후
벤치에 앉아
불안한 눈빛으로 사람들을 바라보다
천식 환자처럼 기침하다 토악질한다

밤이면 별들이 쏟아지듯 많은 발길
명암방죽은 영문도 모른 채 헐떡인다


* 청주시 상당구 용정동에 있는 저수지

# 말


고개를 돌리고 흔들기 시작한다
측량할 수 없는 몸짓으로
그녀는 광대가 되어 뛰기 시작한다

오늘을 기다린 듯
혼돈의 유탄에 맞은 듯

귀신 들린 듯 굿판을 벌인다
누구도 끼어들 수 없는 순간
그녀를 불러 세운

소낙비

노랗게 질려 퍼붓는다
나뭇가지 사이로

# 시 쓰기

살아있는 규칙을 버리라고 한다

북풍이 하얀 서릿발로 몰아친다

오랏줄로 꽁꽁 묶으려 한다

싸늘한 손으로 휴대전화 만지작거린다

# 품의서

그들은 썩은 볼펜을 나에게 던졌다
볼펜은 고래를 탄 숫자를 그렸고
눈썹은 눈이 보지 못하는 표정을 완성한다

그들은 큰소리로 피리를 불고 있다
그 소리에 맞춰 도장을 찍을 때
바람은 섬뜩한 손톱으로 내 옷섶을 당겼다

품위 없는 거래는 독설로 마무리되고
무너진 볼펜은 진실을 띄워 버렸다
여전히 그들의 혀는 흡혈귀였다

## 눈 온 날

밤새 뭉텅이 눈이 하늘 가득
마당에 하얗게 토해 놓았네
고양이 발자국 어지럽고

허리가 반으로 굽은 할머니
몽당비로 길을 내고 있네

마당 한구석에 달나내사 그려놓고
토끼도 그리고 기러기도 그렸네

처마 끝 흔들리는 풍경 소리
눈 덮인 국화꽃 못 본 척 고개 돌리고
멧비둘기 눈 속에서 먹이 찾아 뒤뚱뒤뚱

# 엉겅퀴


매화나무 아래 마음의 집 한 채 지었습니다
머뭇거림 없이 한 점의 마음도 넣고

제비꽃과 자주 달개비꽃으로 꽃밭을 만들고
엉겅퀴 같은 마음과 튤립 같은 마음으로 담도 쌓습니다

파란 기억이 나풀나풀 나오고
바람과 하늘이 언제나 놀러올 수 있게
서쪽으로 작은 창도 내보았습니다

당신과 많은 기억 퍼즐에 담아
추억의 봄꽃으로 불을 지펴 보려 합니다

열매 달린 묵은 쑨 기어오르는 줄기들
꼭꼭 싸매고 잠 못 든 댓잎 소리 들으며……

## 상흔

난간에 고목이
고개를 길게 내밀고 있다

나는 지금 얼어가고 있는데
당신과 한 공간에서 같이 있다는 걸 나는 몰랐다

꽁꽁 언 창가에서 시들어 가는 당신의 모습
같은 공간에서 같은 공기로 함께였는데
당신을 위한 케이크를 자를 순 없었다

온종일 갇힌 햇살
하얀 꽃송이로 변해 펑펑 쏟아지는 밤
빈 침대는 나를 삼키려 한다

움직이지 않은 겨울밤
집 나간 발자국 만들기 위해
아가미가 싱싱한 얼음
흐물흐물해진다

꾹꾹 눌러 놓은 책 속의 붉은 선

〈
고목의 버드나무처럼
깊은 잠에서 깨어나지 못하고

## 상 강

가깝게 지내던 해바라기가 떠나갔어요

허술한 바람에도 쓰러질 것 같았어요

내 피를 서서히 말려 흡혈귀가 되었어요

가면 뒤에 독사의 혀가 보이지 않았어요

그녀가 파놓은 맨홀이 있다는 걸 몰랐어요

머리에 하얀 서리 내린 걸 몰랐어요

# 반딧불
- 은행리 시골집에서


어둠이 시작됐다
슈트를 입고 하나둘 입성한다

개구리 음악 소리에 맞춰
삼중주가 시작됐고
반딧불은 떼 지어
왈츠를 추기 시작했다

가벼운 듯 무거운 듯
밤이 깊어 갈수록 춤사위는 더욱 현란하다

별들도 구름 속에 숨어 훔쳐보고
지나던 초승달도 이들의 춤사위에
얼굴을 내민다

그는 나의 손바닥에서 떠날 줄 모르고
나를 희롱하고 있었다
그날 밤 그와 함께
긴 시간을 보냈다

# 3부

헌 가방

## 잉태

휙 뿌려 놓은 물감들이
장미로 병아리로 날갯짓한다
잉태한 꽃잎들 또 하나의 날갯짓으로
나비로 안개꽃으로 사라지기도 한다

병아리들의 노란 주둥이로 삐악거리며 어미를 찾기도 하고
돌아가는 지구 속으로 착지를 위한 날갯짓으로 수업하다,
뚝뚝 떨어지다 낙엽으로 변하기도 죽은 척 나뒹굴기도
시나브로 발밑에 싸이기도

바퀴벌레들이 떼 지어 몰려오기도
나는 탁탁 치거나 쓱 쓱 문지르니
목이 잘린 까마귀로 바닥으로 나뒹굴기도

안개가 짙게 깔린 밤 별들이 유성의 흔적들을 감추기 위해
백지에 쏟아져 있는 죽은 벌레들이 낭자하다

깨진 조각들이 내 눈 조각을 흩트려 놓는다

## 헌 가방

흐트러진 꿈
당신이 두고 간 헌 가방에 주워 담아 봅니다
몇 번이나 버리려고 망설였었는데
옷장 한 귀퉁이에서 공포에 떨고 있는
당신의 손끝을 허둥지둥 찾아 헤맸습니다

만년필 자국과 여기저기
좀먹어 하늘하늘한 가방
시와 그림이 담긴 노트북 넣고
당신의 손끝을 찾고 찾아봅니다

나는 오늘도 그 가방 들고
작은 생각 하얗게 토해내며
죽은 꽃들을 피우려 애쓰고 있습니다

# 상당산성

해마다 늦은 사월이 되면
온 천지를 벚꽃으로 축제를 해요
벚꽃들은 평상을 펴놓고
막걸리도 팔고요 파전도 팔아요

주머니에 가득한 꽃잎을
오래된 벚나무에 예금도 한대요
코로나19 때문에 손님이 없다는데
동문이 북문을 바라보며
오늘은 몇 명이나 다녀갔는지
고라니와 토끼만 다녀갔대요

늙은 벚나무가 심장 깊숙이 숨겨놓은
주먹만 한 벚꽃 슬며시 내밀어요

# 미세먼지

마른 가지 밀어내며 움트기 좋은 날
우리 집 암탉이 알을 낳는다
어제는 달걀을 낳고
오늘은 병아리를 깐다

TV에선 어제는 세금을 올리고
오늘은 깎아준단다

버즘나무는 물에 발 담그고
보이지 않는 씨를 뿌리고
아이들은 온몸을 비닐로 덮고

뿌연 유리관 속에 갇힌 새들은
하늘을 날기 위해
안간힘 쓰고 있다

바람은 술에 취한 듯
비를
쏟아붓는다
〈

소나무와 팽나무는 고개만
절레절레 흔들고 있다

# 하늘공원
- 영작 씨에게


내 품에 처음 안겼을 때
백색 항아리 속 따뜻한 온기
애써 감추고 있던 눈물
내 심장에서 뚝뚝 떨어졌습니다

무겁게 덮여 있는 투박한 돌
그 위에 꽃을 놓아드리려고
흩어져 있는 클로버꽃을 뜯었습니다

응석받이였던 내가 어른이 되어
회한의 눈물 흘리며
당신의 제단 앞에
반지와 월계관을 만들어 놓았습니다

세상의 순리를 받아들이며
묵묵히 사시던 모습
그런 당신이 텅 빈 고목인 줄도 모르고…

그늘을 만들어주는 구름
우거진 풀숲에 숨어

귀뚜라미도 슬프게 울었습니다

새벽 별처럼 늘 반짝이며
우리를 지켜줄 줄만 알았던 오빠였는데…

# 봄눈

폭설주의보가 떴다
눈높이 물어보는 앞집 은행나무
감나무와 탱자나무 사이
바람의 깊이로 측량해 본다

밤새 하늘이 천둥 치는 소리 내더니
감나무 삭정이가 하얀 붕대로 깁스한 채
여기저기 널브러져 있다

암창 난 고양이 눈 속이 궁금해
밤새 몇 번을 다녀갔는지

3월의 늦은 새 떼가
고양이의 발자국을 들어 올려놓는다

## 입춘 1

나풀나풀 내려온 별들

천 리 갱도에서 돌아온 봄

반달이 받아

매화나무 가지에 망울망울
매달아 놓았다

# 선보던 날

물로 얼굴을 싹싹 씻었다
           불안해

비누칠로 닦아내도
           불안해

클렌징으로 바르고 씻었어도
           불안해

수건으로 잔재를 다 닦아냈다
           그래도 불안해

얼굴을 흰 가면으로 푹 덮었다
눈 코 입만 내놓았다
눈만 껌뻑껌뻑
앞만 바라보니 뵈는 게 없다

가면을 벗고 거울을 바라보니
다른 여자가 없다

똑같다

선글라스를 써 볼까?

# 시월 초이튿날
- 친구를 보내고


바람이
소매 끝에서
어깻죽지에서 울던 날

누구에게라도 토해내고 싶은 한숨

긴 하루를 그렇게 뒹군다
해가 서쪽으로 고개 돌릴 때쯤
지인의 전화를 받고 운주산에 갔다

바람이 참나무 머리채를 흔들어 쏟아낸 도토리들
이리저리 바닥에 흩어져 짓밟히고 있었다
울음소리를 허공에 남기며

처음엔 그냥 지나쳤다

그가 소리 내어 크게 웃던 모습
아픔과 고통에 시달리던 모습을
양 주머니에 가득 주워 담았다
〈

맷돌로 갈아버렸다
참나무 울음주머니

## 시월의 끄트머리

가을비가 무장하고 집을 나섭니다
파도가 바위를 덮칩니다
바닷물이 민물을 덮쳐버렸습니다
서해가 놀라서 움찔합니다

은행나무에 총질합니다
은행이 후드득후드득 쏟아집니다
누런 살점이 여기저기 흩어집니다
온 동네에 냄새를 풍깁니다

지나던 고양이가 발로 툭툭 쳐봅니다
고양이는 기겁하고 도망갑니다

쑥부쟁이는 불꽃놀이를 합니다
환삼덩굴이 은행나무를 꽁꽁 묶었습니다

무장한 가을비가 빨갛게 피를 토해 놓습니다

백만 송이 장미가 살점을 떼어냅니다

홍시는 철퍼덕철퍼덕 내동댕이쳐집니다

# 입춘 2

정수기
양동이에 토해내고 토해낸다
물의 껍질을

밤새 고막 두드리며
생쥐 오줌 싸는 소리
쪼르르 쪼르르

안방 건넌방 비춰주던
보름달
머리에 키 쓰고
줄행랑친다

닭 울음소리에

## 지하방

빗물이 지하방에 스멀스멀 들어온다
이부자리 밑으로 스며든다

빗물이 싱크대 밑에서
퐁당퐁당 솟아오른다

누군가 창문을 톡톡 두드린다
문 열자 빗불이 우르르 몰려온다

한 번도 덥지 않은 이불을
빗물이 먼저 덮는다

잠옷 차림인 할머니
빗물에 흠뻑 젖어 있다

# 함성 1

무심천 뒤덮인 벚꽃 속
곱슬 머리 모양 한 초승달이
벚나무 숲을 산책한다

흐트러진 갈대 속 흐르는 무심천
초사흘 달은 발 담그고
잔물결이 기슭을 적신다

꽃들은 꽃들이 무성함에
누가 친구이고 적인가를 잊은 채
노란 개나리 품어 안고

드러내는 어둠
하루의 시동을 잠재운다

# 거기 누구 없소?

구름에 가려 더 너울거리는
그 너머를 바라보지 못했습니다

당신의 발자국을 따라가 봅니다
당신의 고운 눈빛
그의 빈자리를 찾고 있습니다

낮은 기침 소리가 귓가에 들리거든
빨간 장미를 흔들어 주세요

그리움은
빨랫줄에 널려 있는 하얀 실크 같은 마음입니다

신기루처럼 아른거리는 긴 강둑
보이지 않는 벽 흐려지는 눈

지나가는 구름처럼 짧은 휴식을
여기 내려놓고 싶습니다

## 맨드라미 집 나간 날

망설임 없이 툭 떨어진다 가을이
뜨거운 햇볕 마당에 대못 박고
잔디 사이에 핀 맨드라미
곱둥이 그림자 속에 숨어 버리네

신작로에서 뒹굴던 작은 불상
장독대 옆 코끼리 바위에 얹자
도마뱀이 꼬리 자르고 도망가니

구름 그늘은 발자국에 새기고
끊어진 풍경 음표 찍으며
집 나간 꽃
하나하나 호명하네

# 급여

사슬에 묶인 말들이
문장을 파헤친다

생각은 쇠사슬의 무게에 눌려
자물쇠에 얻어맞고
입술이 바싹바싹 타들어 간다
머릿속은 자기 뇌를 꺼내 먹는
저능의 강이 되어가고

그들은 날카로운 눈빛으로
시장에 가 보셨어요?
전기세, 수도세,
모든 물가가 하늘을 찔러요

그들의 한숨은
내 온몸을 절여놓는다

꼭 그래야만 하냐고
그들의 말들은
기록으로 남아 있고

주민들의 눈들이
내 등을 쏘아본다

동전 한 닢 또르르
굴러간다

# 4부

어쩌다

# 그렇듯

부글부글 끓던 구름 참았던
울음 쏟아 놓는다

몸 털린 목단
고막 찢기고

바람은 날개 접고
흐느적흐느적 걷고 있다

부음 받은 꽃잎들
구겨진 햇살 받고 있다

## 어쩌다

휴대전화가 소란스럽다

다른 사람에게나 쓰던 말들
낯선 말을 나에게 자꾸 쓰며 종용한다
나는 어느새 그들 사이에 끼어 있다

감독님
감독님
감독님이시죠?

하늘이
구름이
내 머리카락 잡고 장난질 치는 것 같다

낯선 단어다
홍시처럼 빨간 목젖이 들쭉날쭉한다
나도 모르는 사이 흠뻑 적셔 있다

내 짧은 스커트 길이가 더욱 짧아졌다
걸음걸이가 통통 튄다

〈

대나무 숲에다 소리소리 질렀다
빨갛게 익은 대추가 우수수 쏟아진다


* 실버국제영화제에서「구절초꽃 필 무렵」이 우수상을 받던 날.

# 눈썹 끝
- 동생을 보내고


부드러운 햇살이 창공을 밀고 들어올 때
뜨거웠던 피가 차갑게 식어가고 있다
너의 긴 주소 끝자리에 점 찍으려고
붉은 치마 끌며 찾아온 검은 연미복

한 줌의 붉은 흙
폭포처럼 쏟아지는 햇빛 속
환하게 웃던 모습이
바다처럼 젖는다

까만 하늘이 별들을 쏟아낼 때
하얗게 마른 입술
어디선가 하모니카 소리 들리고
소년은 너울너울 춤을 추었지

한 겹의 흰 커튼이 붉게 물들고
입안 가득 물고 있던 그 많은 말
조몰락조몰락 곱씹으며
턱받이를 적시고 있던 모습

오후가 허물어진 줄도 모르고
눈썹 끝으로 너를 그리고 그려본다

# 2월
- 윤달


노물리 동해
허름한 횟집에 들어가
벽에 붙은 메뉴판 쳐다보니
잠이 덜 깬 통통이 아줌마
엉덩이 반은 내려놓고 메뉴판 획 던진다

우리는 광어회와 숭어회를 시키고
조개구이와 해물탕도 시키며
라면도 넣어달라고 했다
소주 두 병 다 마셨는데도 소식이 없어

내 눈과 입이 주방을 두드리니
광어와 숭어가 어제 먹은 술이 덜 깬 듯
서로 삿대질하며 싸우고 있다
통통 불은 라면은
냄비 밖으로 슬금슬금 기어 나오고

바람은 대나무 머리채 잡아 뜯고
거북바위 엉덩이
파도가 찰싹찰싹 때리는데

무심한 남자 바위 수평선 넘어
집 나간 여자 기다린다

바닷가 한쪽은 잔설이 남아 있고
한쪽은 봄이 왔는지
소똥 같은 흰 민들레꽃이
내 가방에 폴짝폴짝 들어와
안방처럼 누워 있다

활짝 핀 민들레
묵은 김치와 늦은 저녁 먹는다
집에 와서

## 인터뷰

전화벨이 아침을 깨운다
KBS 청주방송국 작가란다
얼떨결에 네네 대답하고

지난봄에 뜯어놓은
묵나물을 주섬주섬 찾아
물에 불려 삶아놓았다

리포터가 호들갑을 떨며 들어오자
수돗가에 있던 나물들이 우르르 몰려갔다
어머니 이 나물이 뭐예요? 하고 묻자,

수돗가에서 눈곱 하나하나 떼던 매화나무가
그 나물은 취나물인데요
취나물은 들기름에 달달 볶다가
갖은양념 해서 먹으면 맛있다고
가지나물이 툭 나섰다

 옆에 있던 무청 시래기가 호박까지 바라보며 변비엔 내가 약이여

그러자 다래 순이 뭔 소리야, 그래도 묵나물 하면 내가 최고지, 리포터 팔뚝을 툭툭 치며 말을 건넨다

틀림없이 나를 인터뷰한다고 했는데,

# 낙관

왼발을 어떻게 뗄 것인가 궁리 중이다

용광로처럼 몸을 태운다
낯선 물체가 오른쪽 옆구리부터
젖무덤까지 분화구 만들어놓고
둘씩 짝지어 열병 맞추고 있다

엉덩이 이리저리 굴리며
오른쪽 손끝 수백 개의 혈관
수천 개의 심줄을
달팽이관이 끌고 간다

구름 속 숨어 있는 별
화석이 되어가고
긴 칼로 젖무덤에 핀 붉은 꽃
하나하나 오려내도
비웃듯 뱀의 혀로
머릿속까지 기어 올라가
밤새 풀무질한다
〈

까마귀 창밖에서 깍깍 울어대고
옆구리에선 한센병처럼 진물이 터져
천연두 자리 낙관 찍듯 찍어놓았다

안부


산수유 사이로 새벽바람이 산책하고 있습니다

잠이 덜 깬 직박구리가 어둠을 밀고 있습니다

미국으로 이 민간 사촌 여동생이 축축한 목소리로 내 동생의 안부를 묻습니다

누렇게 바랜 들국화가 수화기를 귀에 단체 바싹바싹 타들어 갑니다

지구의 반대쪽 도마에선 비릿한 생선 냄새가 진동합니다

푸석한 방바닥이 서서히 기울기 시작합니다

코 묻은 휴지들이 부스럭대고

잠이 덜 깬 새벽달이 뒤척이다 돌아누웠습니다

## 회화나무

신작로 눈 녹는 소리
들린다
새의 울음소리다

댓잎 바람에 흔들리는
소리 듣는다
두꺼비 우는 소리다

생강나무 톡톡 부르트는 소리
들린다
암고양이 순산하는 소리다

들에서 뽀작뽀작
올라오는 냉이
꽃 피는 소리

혼자서 온종일 듣고 있다

노란 저녁달이
지붕에 앉았을 때까지……

## 수레국화

며칠째 밥도 못 먹고 발걸음만 바쁘다
물류 센터로 육거리 시장으로
다발 다발 사 들고 또 사들인다
옛날엔 메모지로 하나하나 적었지만
지금은 연신 휴대전화를 열었다 닫았다
걸어서 다니던 길을 자동차로 이동한다

어머니 십 년 여러 지갈길을 다니시며
잘 차려줘야 귀신이라도 행세하고 다니지!
못 얻어먹어 비실대면 염라대왕한테
무시당해

시장바닥에서 국수 한 그릇 사 먹고
뜨거운 햇볕 속에 바리바리 싸 들고 거친 손으로
밤새워 송편 빚던 어머니
아련히 붙들고 싶은 깊은 밤
손가락 사이로 빠져나간다

부엌에 거실에 쌓여 있는 비닐 보따리
엄마 조금만 하라니까,

자식들의 고함

지랄하지 마! 배가 든든해야 추운 겨울 잘 지내지!
할머니 못 얻어 잡수셔 비실대면 좋으냐?
생전에도 감기 달고 사셨는데
저승에서나 이승에서나 배부른 놈이 최고여
제기 위 굴비가 빙그레 웃고 있다

# 긴 문장

장맛비가 캐노피 위에서
미친 듯 난타를 치고 있는데
전화벨 소리가 요란하다

구순이 다 된 시누이가
옥수수 좀 땄는데
오후에 갈게

며칠째 하늘은 구름을 잔뜩 이고
이리저리 굴러다니며 비를 쏟고 있다

옥수수 한 자루 건네는
시누이 얼굴
땀방울이 옥수수 알처럼 박혀 있다

가뭄으로 쩍쩍 갈라진 땅에
툭툭 던져 놓았더니

듬성듬성한 알들이
시누이 틀니 속에서 옹알이한다

〈
씨앗을 품고 몇십 번 뒤척였을 몸짓
옥수수의 긴 문장
내 혀 속에서 읽고 있다

# 모자이크

구름이 지붕 위에 그림 그린다

햇볕이 경운기 밑으로 들어가자

냉이꽃 여기저기 활짝 핀다

하늘이 대문 열자

소나무 밑 두꺼비 오줌 싼다

햇볕이 창문에 앉으면

창가에 놓인 안개꽃 활짝 피고

나무로 만든 집 갸우뚱 기운다

부엌의 검은 식탁 거꾸로 그리고

어머니는 빨갛게 핀 명자나무를 그린다
〈

참새가 창문을 거꾸로 그리자

모두 날아가 버렸다

허공에 종이만 남고

꽁트

앞마당 복숭아나무 조선무 같다

우르르 몰려오는 참새 떼들

바람이 슬금슬금 도망가자

파란 하늘 뚝 따서 한 입 깨물면
검은 구름 지나간 듯
텁텁한 기분

왜 그랬어
아직 푸른데
복숭아나무 회초리 들면

새들의 주둥이 퍼렇게 멍들었다

# 가을 1

꼬리에 노을 매달고 대문 앞을 서성이는 고양이

단풍과 땅따먹기 놀이하던 강아지

맨발로 마중 간다

시월의 저녁해는 대나무숲에서 피리 불고

빨래 걷는 할머니 손등 붉게 물들인다

## 가을 소나기

감나무 사각사각 바람에 흔들리면
몰려온 떼구름은 문장을 열어본다
노란색 물감으로 숲속을 만들기도

벽시계는 오후를 알리고
구름은 단추를 풀어 비를 뿌리고
감나무 잎은 바람과 성교를 한다

바람이 손바닥에 달라붙자
잘게 부서지는 빗방울
꺾어진 백일홍 꽃잎
자박자박 거리를 물들인다

## 수평선

눈에 담아오던 파도 소리

동백꽃에 내려놓았네

밤새 써온 긴 이야기

■□ 해설

# 생명을 높이 받드는 일을 하는 시인

이승하(시인·중앙대 교수)

윤현순 시인의 시집 원고를 읽으면서 계속 뇌리를 스친 것은 '생명'이라는 낱말이다. 우리말로 '목숨'이다. 요즈음 빈발하고 있는 묻지 마 살인도 그렇고, 생명 경시 현상이 우리 사회에 널리 퍼져 있는데, 그렇기 때문에 시인의 시 한 편 한 편이 생명을 옹호하고 인정人情을 중요시하고 평화를 추구하고 있어서 마음이 숙연해진다.

붓다의 가르침을 한마디 말로 하면 '뭇 생명을 측은하게 생각하라'이다. 예수는 짧은 생애 내내 '네 이웃을 네 몸과 같이 사랑하라'고 말했다. 생명을 귀하게 여기자는 것이다. 공자의 인의예지仁義禮智도 크게 다른 게 아니다. 상대방을 존중하고 올바른 일을 행하라는 것이다. 유교와 불교의 역사 2500년, 기독교의 역사 2000년이 넘었지만 지금 이 세상은 생명을 귀하게 여기지 않는 것이 가장 큰 문제가 아닐까? 기계에 대한 의존도가 너무 높고, 자연을 업신여기는 일이 너무 많이 일어난다. 21세기인 지금, 시인이 아니면 누가 낱낱의 목숨이 귀하다고 얘기하고, 자연과 더불어 살아가야 한다고 말할 것인가.

> 햇살은 화살나무 빨갛게 물들이고
> 뉴턴의 법칙 따라 붉게 물든 사과
> 더 묻지 않아도 가을이 보입니다
>
> 양버즘나무들도 이파리 하나 물고
> 엎치락뒤치락 긴 한숨 내쉽니다
> 속으로 삼킨 바람 익숙한 나뭇가지
>
> 윗도리,
> 닳아빠진 옷장에 걸어놓고
> 나도 모르게 낮은 소리로 읊조립니다
> 안개에 싸인 작은 애벌레였음을

―「나는 아무 짓도 하지 않았습니다」 전문

　가을을 흔히 결실結實의 계절이라고도 하고 조락凋落의 계절이라고도 하는데, 제1연은 결실을, 제2연은 조락을 얘기한다. 제3연에서는 시적 화자가 직접 등장해 나는 자연의 변화에 대해 방관자였을 뿐 아무것도 한 것이 없노라고 고백한다. 이런 생각은 주말농장에 가서 상추, 완두콩, 강낭콩, 방울토마토, 고추를 키우면서 바뀐다. 노동은 손끝이 갈라지는 고통을 주지만 수확한 작물을 보노라면 흐뭇한 마음이 든다.

　　빨간 장갑 속의 손
　　떨어진 구멍 속으로 나온 까만 손톱
　　손끝이 갈라져 피가 날 듯 말 듯

　　……아프다 아프다

　　힘들게 밭고랑 만들어 놓았다
　　장갑 속에서 상추가 비타민이 쏙쏙 커간다

　　빨간 장갑 속

아이들의 웃음이 까르르까르르

손금 따라 땀방울이 흘러서
완두콩이 강낭콩이 주렁주렁 매달린다

빨간 장갑 속 주말농장
아이들이 붉게 물들어간다

방울토마토도 고추도 붉게 익어간다

—「주말농장」전문

인간에게 일용할 양식을 제공하는 이들 농산물은 노동의 결과로 얻은 것이다. 아이들이 수확의 시간에 함께함으로써 즐거움이 배가된다. 주말농장에 와본 아이들은 우리가 먹는 모든 음식의 재료에 농부의 손길이 안 간 것이 없음을 알게 되었을 것이다. 씨만 뿌리면 저절로 자라는 것은 아무것도 없고 계속해서 생명 가진 것들을 돌봐 주어야지 음식이 될 수 있음을 알게 하는 산 교육장이 바로 주말농장이다. 자, 이제 시인의 자연 탐사 길에 동참해 보자.

보름달이

물 말은 밥에 떠 있다

된장과 풋고추 서너 개 놓고

나는 달을 떠 연신 퍼먹는다


채송화는 말라비틀어져 가며

씨방을 만들고

빨간 접시꽃은 선열 하듯

목을 떨어트리며

씨집을 만든다


이웃집 암소가 새끼를 순산 중인지

어미의 신음에

주인아저씨 여물 한 바구니 던져주고


누런 두꺼비 힘내라고

구우억 울어주며

비라도 오라고 간절히 빌고


바람은 깊은 잠에 빠진 듯

등줄기에 땀이 줄줄 흐른다


밤새 기다리다 지친 소나무
눈까풀 내려앉을 때


쌍둥이다!
앞집 팽나무가 소리 질렀다

—「여름밤」 전문


  지금 우리네 삶은 대체로 아파트에서 이뤄지기 때문에 물에 만 밥에 보름달이 떠 있는 경우는 거의 없다. 하지만 시인이 사는 곳에서는 이런 광경을 볼 수 있나 보다. 채송화도 접시꽃도 생명체로서 생명현상을 마음껏 구가한다. 그런데 사건이 일어난다. 이웃집 암소가 새끼를 낳고 있는 중이다. 두꺼비 우는 소리가 들린다. 바람 한 점 불지 않는데 밤은 깊어가고 있다. "쌍둥이다!"라고 소리 지른 것이 앞집 팽나무라는 것이 재미있다. 그 집에 팽나무가 있는 모양인데 팽나무 집이라고 하지 않고 "앞집 팽나무가 소리 질렀다"라고 했기에 시가 된 것이다.

  시인은 금요일 오후 시간을 어떻게 보내는지 다음과 같이 들려주기도 한다. 번잡하기 이를 데 없는 도시에서 사는 독자가 이런 시를 읽는다면 부럽기도 할 것이다. 자연과 더불어 살아가고 있기 때문이다. 현대인의 삶이란 자연과 점점 유리되고 기계와 함께 살아가는 것이다. 컴퓨터와 스마트폰 없이는 현대인은 모두 죽은 목숨이 된다. 가전제품으로 냉장고와 세탁기와 텔레비전은 기본이고 청소기, 건조기, 식기세척기, 정수기, 김치냉장고를 두고 산다.

> 하늘 한 자락 뜯어 주머니 넣고
> 아무 사연도 없는 곳에서 발을 멈춘다
> 이웃에 사는 암소가 어제 새끼를 낳았다고
> 송아지 얼굴을 슬그머니 내게로 밀어
> 코와 머리를 만져주고
>
> 골목길 지나 은행나무 옆 벤치에 앉아
> 가끔 날리는 눈발을 바라본다
> 시들어가는 내 말을
> 참새 떼들에게 들려주려 해도
> 나보다 말을 더 잘해 아무 말도 못 하고
> 목 달아난 감나무 바라보며
> 올봄엔 감꽃으로 목걸이도 못 하겠네

―「금요일 오후」 전반부

    이 동네에서는 암소가 새끼를 낳은 것도 변화요 감나무를 벤 것도 변화다. 하지만 외다리 우체통에는 고지서도 들어 있지 않다. 얘기할 상대가 참새들뿐인데 자기네들끼리 대화에 열중하고 있어 껴들기가 어렵다. 무료하기 짝이 없는 시간인데 수탉이 장난을 친다.

    외다리 우체통을
    슬그머니 열어보니 새들의 빈 둥지뿐
    바싹 마른 갈잎
    내 어깨를 툭툭 친다
    싸락눈이라도 쏟아질 것 같은 저녁
    낮달 얼굴이 거무스레하다

    나는 바람에 떠밀려 외양간도 돌아보고
    할 일 없는 고양이를 데리고
    닭장 앞에 서성이니
    수탉이 내 발등에 설사 똥을 찍 갈긴다
    나는 못 본 체 못 들은 체

앞섶에 달걀만 그득 담아 나왔다

―「금요일 오후」 후반부

  수탉은 화자가 역정날 짓을 했지만 암탉은 그래도 달걀을 여럿 낳아서 앞섶에 그득 담고 나왔으니 그녀의 남편한테 혼을 내지 말아야 한다고 생각한 것인지 모르겠다. 이와 같이 한가로운 전원생활의 이모저모가 잔잔히 펼쳐지고 있는 시가 여러 편 보인다. 네 번이나 "심심하다"라는 형용사가 나오는 「졸고 있는 해」를 보면서 하품을 한 독자가 있다면 「마지막 달력」을 읽어보라고 권하고 싶다. 생명은 언젠가 다 죽게 마련인 것을 얘기하고 있기 때문이다. 아마도 먼저 이승을 떠난 남편 생각이 나서 쓴 시가 아닌가 여겨진다.

    햇살이 은행리 골목으로

    기울어질 때

    스멀스멀 들어오는 당신 그림자


    헐렁한 바짓가랑이가 비틀거리며

    검은 달력 속으로 숨는다

    〈

음복을 한다

모래 위의 발자국처럼

남기지 않고 살다 간

당신의 좁은 방에

나를, 가둬두고

그 방에서 나는 31개의 알을 품는다

어둠이 벗겨질 때야

나의 육신을 자리에 뉘어본다

— 「마지막 달력」 전반부

  12월 달력을 보고 있다. 한 해가 다 가면 설날이 되는데 미리 음복을 한다니, '당신' 생각을 한다니, 세모의 어느 날 더욱 보고 싶어진 것이 것일까. 당신이 돌아가신 일자가 12월의 어느 날인지도 모르겠다. 이번 시집에는 남편과의 추억을 더듬으며 쓴 시가 여러 편 있다.

흐트러진 꿈

당신이 두고 간 헌 가방에 주워 담아 봅니다

몇 번이나 버리려고 망설였었는데

옷장 한 귀퉁이에서 공포에 떨고 있는

당신의 손끝을 허둥지둥 찾아 헤맸습니다

만년필 자국과 여기저기

좀먹어 하늘하늘한 가방

시와 그림이 담긴 노트북 넣고

당신의 손끝을 찾고 찾아봅니다

나는 오늘도 그 가방 들고

작은 생각 하얗게 토해내며

죽은 꽃들을 피우려 애쓰고 있습니다

—「헌 가방」 전문

  하도 많이 낡아 몇 번이나 버리려 망설였지만 화자는 흐트러진 꿈을 남편이 두고 간 헌 가방에 주워 담는다. 가방에는 만년필 잉크 자국도 있고 좀먹어 하늘하늘한 부분도 있다. 하지만 가방은 남편의 손길이 남아 있는 물건이기에 그 가방을 들고 "작은 생각 하얗게 토해내며/ 죽은 꽃들을 피우려 애쓰고" 있는 것이다. 예술가적인 행동이다. 이 구절에 대한 설명은 뒤에 가서 하겠다. 어느 해 4월엔가 오래된 서랍장을 열어보니 온갖 추억 어린 물건들이 나온다.

    오래된 서랍장을 열어보니
    장미 담뱃갑과
    내가 생일 선물로 준 지프 라이터가 있다
    다이제스트 책이 있고
    결혼 때 예물로 준 박하 만년필과
    까만 장지갑 속에 율곡 선생 얼굴 서너 장이
    반쯤 보였다
    18k 남편의 자수정 반지가 있어
    그 반지 손가락에 끼자

    서늘한 바람 치마폭 뒤집어
    한 잔의 포도알이 내 몸을 적시고
    녹슨 자전거 페달로 낯선 바람을 가른다

    하얀 목단꽃이 활짝 피고
    수양 홍도는 바람에 매 맞는다

―「4월」 전문

남편이 만졌을 장미 담뱃갑, 지프 라이터, 다이제스트 책, 만년필, 까만 장지갑과 지폐 서너 장, 그리고 남편의 자수정 반지가 그 안에 있다. 뒤의 2개 연은 두 사람만의 추억담이다. 하얀 목단꽃이 활짝 핀 4월 어느 날, 남편의 자전거 뒤에 타고 가면서 아내는 얼마나 신이 났을까. 화자는 "현관 앞 다듬잇돌 위에/ 낡은 구두 한 켤레"(「문지기」)가 있었던 것도 기억해 낸다. 하지만 세월은 부부를 사별의 자리에 서게 한다. "침묵에 젖은 당신의 무릎/ 이제는 눈물조차 메마른 상석의 표면"(「상석」)을 보니 남편을 여의고 나서 얼마나 많이 울었는지 알 수 있다. 참으로 정다운 부부였나 보다.

　아우 윤장수 씨는 비명非命에 갔는지 시인은 그때의 사연을 수필처럼 아주 꼼꼼히 '기록'한다.

　　　같은 날 24시
　　　세종시에 있는 충남대 병원으로 달려왔다
　　　다리에 힘이 빠져 겨우 병원엘 들어가니
　　　병원엔 아무도 없고
　　　허공에서 여자의 울음소리만 들렸다
　　　"형님 어떡해요" "어떡해요"
　　　나는 아무 말 없이 털썩 주저앉고 말았다

> 평생을 의지한 동생이었는데
> 낮 3시에 넘어졌는데 밤 11시까지 집에 있었단다
> 의식을 완전히 잃은 상태란다
> 식물인간이 될지도 모른단다
>
> ―「내 동생 윤장수」 제2연

낮 3시에 넘어졌고 의식을 완전히 잃은 상태였으면 재빨리 119에 연락해 병원으로 옮겼어야 하는데 밤 11시까지 즉, 8시간이나 방치되어 있었던 것이다. 평소 술을 좋아한 남자인지라 아내는 남편이 낮술을 하고 와 잠이 든 줄 알았던 모양이다. "며칠 전 건강한 모습으로/ 누나, 누나 토란 좋아해? 우리 집에 오셔서 배추랑 무 가져가셔요/ 올해는 서리태 농사도 지었어요/ 예전에 매형이 콩밥 참 좋아하셨는데"라고 했던 동생이다. 잔정이 많았던 동생의 변고가 너무나 안타까운 누나는 또 다른 시를 쓴다.

> 부드러운 햇살이 창공을 밀고 들어올 때
> 뜨거웠던 피가 차갑게 식어가고 있다
> 너의 긴 주소 끝자리에 점 찍으려고
> 붉은 치마 끌며 찾아온 검은 연미복

〈

한 줌의 붉은 흙

폭포처럼 쏟아지는 햇빛 속

환하게 웃던 모습이

바다처럼 젖는다


까만 하늘이 별들을 쏟아낼 때

하얗게 마른 입술

어디선가 하모니카 소리 들리고

소년은 너울너울 춤을 추었지


한 겹의 흰 커튼이 붉게 물들고

입 안 가득 물고 있던 그 많은 말

조몰락조몰락 곱씹으며

턱받이를 적시고 있던 모습


오후가 허물어진 줄도 모르고

눈썹 끝으로 너를 그리고 그려본다

—「눈썹 끝 - 동생을 보내고」 전문

화자는 동생이 아주 어렸을 적 무엇을 먹을 때나 옹알이를 할 때 침을 많이 흘려 턱받이가 젖었던 것을 기억하고 있다. 어디선가 하모니카 소리가 들리자 너울너울 춤을 추던 어릴 때 모습도 기억난다. 하지만 그렇게 갑작스럽게 세상을 떠난 동생 생각에 누나는 절망의 우물에 빠진다. 이런 죽음이 비명횡사다. 이렇듯 혈육의 갑작스러운 사라짐은 우리로 하여금 생명의 가치에 대해 더욱 골똘히 생각하게 한다. 가기 전에 대화라도 좀 많이 나눠볼 걸, 어디 여행이라도 하고 올 걸 하고 후회해본들 동생은 다른 세상에 가고 없다. 가족을, 일가친척을, 동료를, 친구를 소중하게 대해야 하는 이유가 여기에 있다. 우리는 생명체이기에 언젠가 반드시 헤어진다. 이 세상 모든 아픔 중 혈육을 잃는 아픔에 비길 수 있는 것은 없으리라. 「하늘공원」에는 오빠를 잃은 슬픔이 잔잔히 펼쳐진다.

　윤현순 시인은 남편을 잃은 뒤에 시 쓰기와 붓글씨 쓰기와 그림 그리기에 더욱더 몰두한다. 그야말로 詩書畵에 혼신의 열정을 쏟는다. 이제 시집의 제목이 된 시를 살펴보자.

　　처음엔 문만 흔들려도
　　혼자 있는 게 무서웠지
　　〈

뒷산 밤나무는 내가 눈치채지 못하게

품 안에 있던 알들을 툭툭 내뱉었지

풀들이 내 키만큼 자라서

그 숲에 들어가기가 무서웠지

고슴도치처럼 품에 안고 있던

밤을 두 발로 쿡쿡 밟아버렸지

밤 한 무더기 화로에 묻고

펑펑 밤 터지는 소리에

나는 귀만 기울였지

어둠 속에서 성에 낀 창문에

손가락으로 바람을 그렸지

—「손가락으로 그린 바람」 전문

  홀로 된 이후 외로움에 시달리다 그 외로움을 떨쳐버리려 "어둠 속에서 성에 낀 창문에/ 손가락으로 바람을" 그리게 되었다는 것이다. 즉, 붓을 쥐고 그림을 그리고 글씨를 쓰게 되었음을 은유적으로 표현한 것이다. 시는 남편에 대한 그리움을 달래려 쓰게 된 것은 아니지만 최근 들어 시 쓰기에도 몰두한다. 한 명의 예술가로 거듭나는 과정이 전개되는 것이다.

    꽃밭에 물을 주며 생각했지!
    그리고 많은 이야길 나누었지
    당신 생각하며 시를 쓰는 건 아니라고

    햇볕이 안개 뒤에서 서두르고 있듯
    꽃들이 이슬을 말리고 있듯

    보이지 않는 당신의 모습

    아주 오래전 우리가 가꾼 꽃밭

    함박눈처럼 쏟아지는

    그곳에
    〈

그림을 그려 놓네

　　　　　　　　　　　　　　—「이제는」 전문

　문인화, 수묵화, 붓글씨 쓰기는 이미 많은 초대전에 참가한 경력이 있을 정도로 높은 경지에 오른다. 상도 여러 번 탄다. 대한민국 문인화 초대작가, 한일 인테리어 국제대상, 동경 하꼬다떼 초대작가, 대한민국 미술축전 우수작품 선정, 충북서예대전 초대작가, 퇴계이황선생 초대작가 등으로 나서 맹활약을 한다. 시인은 2011년에 등단해 2권의 시집을 냈고 이번에 세 번째 시집을 내게 된다. 그런데 윤현순 시인은 여기에 만족하지 않고 영화감독에 도전한다. 영화를 찍고 편집하는 기술을 배워 영화 제작자 겸 감독으로 '입봉'하게 된 것이다. 그리하여 여주남한강영화제 우수작품상, 국제실버영화제 본선 서울시장상, 국제실버영화제 우수작품상 등을 수상케 된다. 보통 사람으로서는 상상도 할 수 없는 일을 한 명 여성이 해내고 있는 것으로서 가히 기적적인 일이 아닐 수 없다. '나'를 인터뷰하러 온 기자가 취나물을 취재하는 재미있는 경험이 시가 된 경우가 있다.

　　전화벨이 아침을 깨운다
　　KBS 청주방송국 작가란다

얼떨결에 네네 대답하고

지난봄에 뜯어놓은

묵나물을 주섬주섬 찾아

물에 불려 삶아놓았다

리포터가 호들갑을 떨며 들어오자

수돗가에 있던 나물들이 우르르 몰려갔다

어머니 이 나물이 뭐예요? 하고 묻자,

수돗가에서 눈곱 하나하나 떼던 매화나무가

그 나물은 취나물인데요

취나물은 들기름에 달달 볶다가

갖은양념 해서 먹으면 맛있다고

가지나물이 툭 나섰다

옆에 있던 무청 시래기가 호박까지 바라보며 변비엔 내가 약이여

그러자 다래 순이 뭔 소리야, 그래도 묵나물 하면 내가 최고지,

리포터 팔뚝을 툭툭 치며 말을 건넨다

〈

틀림없이 나를 인터뷰한다고 했는데,

—「인터뷰」 전문

취나물이 인터뷰 대상이 되자 가지나물, 무청 시래기, 다래순, 묵나물이 앞을 다투어 '날 좀 보소' 하는 식으로 고개를 내민다. 이 시는 시골에서 채소를 직접 키우면서 살아가는 아낙네가 화자인데 제2, 제3의 인생을 살게 되었음을 암시하고 있기도 하다. 남편을 잃고 축 처져 살지 않고 화가로, 서예가로, 시인으로, 영화 감독으로, 정말 거듭난 삶을 꾸려가고 있으니 존경스러울 따름이다.

휴대전화가 소란스럽다

다른 사람에게나 쓰던 말들
낯선 말을 나에게 자꾸 쓰며 종용한다
나는 어느새 그들 사이에 끼어 있다

감독님
감독님
감독님이시죠?

〈

하늘이

구름이

내 머리카락 잡고 장난질 치는 것 같다

— 「어쩌다」 전반부

아침에 눈을 뜨니까 유명해져 있었다는 바이런의 말처럼 이제 사람들이 '감독님 감독님' 하고 부르는 신분으로 바뀌게 되었다. 하지만 그녀는 시인이다. 여전히 길가에 있는 시골집에서 닭을 돌보고 채소를 키우면서 시간을 따로 내 붓을 들고 있다.

우리 집은 길갓집

마당에 까마귀와 까치가

싸움한다

신발 끌고 쫓아가니

참새와 멧새가 먼저 와

구경한다

— 「졸고 있는 해」 부분

아침이면 참새 떼들이 까치들과 싸움해도

모른 척하고요

괜히 나섰다 몸 상할 일 생길지 모르니까요

새로 이사한 집이 길갓집이라

심심하진 않을 거예요

가을이라 탈곡기도 지나가고 경운기도 지나가고요

좀 시끄럽지만 그런대로 살 만은 할 거예요

앞집 할머니가 유모차 끌고 가시다

말을 걸면 모른 척하고요

꽤 귀찮게 굴며 온갖 참견 다하니까요

　　　　　　　　　　—「이사 왔어요」 부분

이런 환경에서 안빈낙도하면서 살 수도 있을 텐데 윤현순 시인은 세상을 향해 발언하기 시작했다. 미세먼지를 들이마시며 살게 된 도시 사람들이 안타까워 이런 시를 쓰기도 하고.

마른 가지 밀어내며 움트기 좋은 날

우리 집 암탉이 알을 낳는다

어제는 달걀을 낳고

오늘은 병아리를 깐다

〈

TV에선 어제는 세금을 올리고

오늘은 깎아준단다

버즘나무는 물에 발 담그고

보이지 않는 씨를 뿌리고

아이들은 온몸을 비닐로 덮고

뿌연 유리관 속에 갇힌 새들은

하늘을 날기 위해

안간힘 쓰고 있다

바람은 술에 취한 듯

비를

쏟아붓는다

소나무와 팽나무는 고개만

절레절레 흔들고 있다

— 「미세먼지」 전문

21세기가 된 지 20여 년이 흘러갔다. 21세기가 되기 직전인

2000년 12월 31일, 지구상의 수많은 나라는 뉴 밀레니엄, 즉 새 세기에 대한 기대에 부풀어 자정을 기다렸고, 자정이 되자마자 불꽃놀이를 했다. 해돋이 명소마다 수많은 사람이 모여들어 일출을 보면서 소원을 빌었다. 특히 평화를, 안정을, 발전을 기원했다.

  21세가 되어 전 세기와 크게 달라진 것은 인공지능의 개발과 현실화가 아닌가 한다. 2016년 알파고와 이세돌의 바둑 대결이 있었는데 결과는 알파고의 일방적인 승리였다. 이 대결의 결과 인공지능이 우리 생활 한복판으로 성큼 들어오게 되었는데 예술의 각 분야가 위기를 맞게 되었고 문학도 예외가 아니다. 인공지능이 소설을 쓴다고 한다.

  2019년 말에 중국 우한에서 시작된 코로나19 바이러스 발병은 전 세계를 엄청난 혼란에 빠뜨렸다. 지금까지 사망자가 몇 백만 명이 나왔는지 알 수도 없다. 여러 가지 백신이 나왔지만 페니실린 같은 특효약은 개발되지 않았고, 이제 독감과 마찬가지로 인간과 더불어 살아가는 질병으로 인정해 마스크도 벗고 살아가게 되었다. 2, 3년 마스크 때문에 화장품이 안 팔렸다고 하는데 지금은 모든 것이 코로나 이전 상태로 돌아갔다. 이런 시대이기 때문에 시인은 하고 싶은 말이 있는 것이다. 그런데 그림 그리기, 붓글씨 쓰기, 영화 만들기, 시 쓰기 중에서 시 쓰기가 제일 어려운 모양이다.

    살아있는 규칙을 버리라고 한다

    북풍이 하얀 서릿발로 몰아친다

    오랏줄로 꽁꽁 묶으려 한다

    싸늘한 손으로 휴대전화 만지적거린다
—「시 쓰기」 전문

시 쓰기가 잘 안되어 '싸늘한 손'으로 휴대전화를 만지작거리는 때도 있지만 실은 요즈음 시를 맹렬히 쓰고 있는 중이다. 100편이 넘는 시 중에서 빼는 것이 더 어려웠다고 하니. 북풍이 하얀 서릿발로 몰아쳐도, 오랏줄로 꽁꽁 묶으려 해도, 이제는 어쩔 도리가 없다. 시를 쓰는 수밖에. 그림을 그리고 글씨를 쓰는 수밖에. 전천후 예술가가 또 어떤 작업을 해 우리를 감동시킬지 궁금할 뿐이다. 그녀는 지금도 옆구리에선 한센병 환자처럼 진물이 터져 아프지만 천연두 자리 낙관 찍듯 자신의 작품을 찍을 것이다.

까마귀 창밖에선 깍깍 울어대고

옆구리에선 한센병처럼 진물이 터져

천연두 자리 낙관 찍듯 찍어놓았다

— 「낙관」 마지막 연

  우리의 생은 생로병사의 과정을 거쳐 종착역에 이른다. 하지만 천형이라고 하는 한센병에 걸려도 살아가야 한다. 목숨이 붙어 있는 한 삶을 꾸려가야 하는 것이다. 우리 모두가 유한자이기 때문에 예술이 필요한 것이다. 사람은 가도 글은 남는다. 그림도 글씨도 영화 필름도 남는다. 윤현순 시인이 더욱 무르익은 필체를 보여줄 제4시집을 기다려본다.